NOTICE BIOGRAPHIQUE

DÉDICACE

Cette Notice biographique est dédiée à nos bien-aimés Lecteurs.

Augustin BABIN

CATALOGUE GÉNÉRAL

DES

OUVRAGES DE L'AUTEUR

1° Le *Catéchisme universel*, en un volume in-32. Prix : 1 fr. 50 cent. broché, 2 fr. 30 cent. relié, et 30 cent. en plus pour le port.

2° Le *Guide du bonheur*, en un volume in-18 (jésus); au même prix que le *Catéchisme universel*.

3° La *Philosophie spirite*, en un volume in-18 (jésus). Prix : 1 fr. 80 cent. broché, 2 fr. 65 cent. relié, et 35 cent. en plus pour le port.

4° *Notions d'astronomie scientifique, psychologique et morale*, en un volume in-18 (jésus); au même prix que la *Philosophie spirite*.

5° *Encyclopédie morale*, en un fort volume in-32; au même prix que les précédents.

6° COLLECTION GÉNÉRALE des écrits de l'auteur, en un très fort volume in-12, de treize cents et quelques pages, richement relié, avec tranche tricolore. Prix : 8 fr. 50 c. en magasin et 10 fr. (franco) par la poste.

NOTA. — Tous ces ouvrages ne pourront être vendus à des prix supérieurs à ceux sus-indiqués, et, de plus, devront *toujours* être tenus à la disposition des acheteurs à toute époque quelconque, soit *brochés* ou *reliés* à la volonté de l'acquéreur ; sauf la *Collection générale* qui ne doit se vendre que reliée. Ces divers prix et les conditions ci-contre étant désignés par acte notarié, passé le 2 août 1879, en l'étude de Mᵉ Gozzoli, notaire, rue de Belleville 81, à Paris, tout acheteur dont la commande ne serait pas satisfaite en temps voulu, est prié de nous en donner connaissance par lettre, durant notre vivant, et, après notre décès, à Monsieur notre imprimeur, à qui nous reconnaissons abandonner, après notre dit décès, tous nos droits à cet égard.

A. B.

NOTICE BIOGRAPHIQUE

CONTENANT

NOMENCLATURE DE QUELQUES AMÉNITÉS

(Les principales seulement)

DE MESSIEURS NOS ÉDITEURS A NOTRE ÉGARD

1878 A 1880

PAR

AUGUSTIN BABIN

Prix : 15 centimes

PARIS
TYPOGRAPHIE CH. UNSINGER
83, RUE DU BAC, 83

1880

AVIS DE L'AUTEUR

A nos Lecteurs

Ce n'est pas sans le regretter vivement que nous faisons paraître cette toute petite *notice biographique* (1), non seulement parce qu'elle nous est personnelle, mais encore à cause de notre sincère et pur attachement à notre consolante Doctrine spirite, essentiellement *régénératrice ;* seulement *votre estime à tous*, chers et bien aimés Lecteurs, nous est tellement *précieuse,* que nous considérons comme un devoir d'anéantir, autant que possible, toutes les préventions qui pourraient nous l'aliéner, si la vérité ne vous était pas connue. Là, seulement, est l'unique motif qui nous a décidé à faire paraître cette humble brochure, dans le but de vous donner l'explication des graves difficultés qui ont existé entre MM. nos éditeurs et nous, et, puis ensuite, de la scission absolue et définitive, qui existe définitivement entre Messieurs nos ex-coassociés et nous.

---

(1) Sans doute, cette *notice biographique* déplaira à plusieurs de nos *ex-coassociés*. Cette raison aurait-elle dû nous empêcher de la publier? Nous ne le pensons pas, car, pour nous, c'était le *déshonneur* et, par conséquent, le plus fâcheux des discrédits *retombant* sur nos humbles travaux littéraires, qui, vu notre faible intelligence, nous ont exigé un travail *assidu* de 16 à 18 années consécutives, et, au moins, *trente mille francs* de dépense.....

Notre volonté absolue étant de vous laisser *juges souverains* des faits (fort regrettables sous tous les rapports) qui ont forcément amené la scission sus-désignée, nous nous contenterons donc, purement et simplement, de vous donner, sans récrimination aucune, les trois communications suivantes : 1° Celle de notre testament olographe du 1ᵉʳ mars 1878 ; 2° Celle qui concerne, tout ce qui se rapporte à nos deux *réunions générales annuelles* de 1878 et 1879 ; 3° Celle, enfin, qui se rapporte à notre correspondance (celle que, par extraordinaire, nous avons eu la chance de conserver), avec M. P.-G. Leymarie, administrateur-gérant de la librairie spirite, 5, rue Neuve-des-Petits-Champs, 5, à Paris ; sa dernière lettre du 8 septembre 1879, ayant *définitivement* occasionné la scission sus-désignée, ainsi que le prouve notre réponse du 13 du même mois. Par ce moyen, vous pourrez juger par vous-mêmes, bien aimés Lecteurs, de quel côté se trouvent les torts, et, de plus, apprécier leur juste valeur.

Votre tout dévoué frère spirituel, *qui vous désire à tous* : SANTÉ, PROSPÉRITÉ et BONHEUR.

A. B.

NOTICE BIOGRAPHIQUE

CONTENANT

NOMENCLATURE DE QUELQUES AMÉNITÉS

(Les principales seulement)

DE MESSIEURS NOS ÉDITEURS A NOTRE ÉGARD

1878 à 1880

ANNÉE 1878

NOTRE TESTAMENT OLOGRAPHE

Du 1er mars 1878 (1)

Je soussigné, Augustin Babin, né le 27 mai 1820, à Trepsec, commune de Cherves, canton et arrondissement de Cognac (Charente), étant sain d'esprit, ai fait, conformément à *l'engagement solennel* que j'ai pris jadis en renonçant à toute union matrimoniale, mon testament olographe comme suit :

Je donne et lègue, comme *don inaliénable,* pour en jouir immédiatement après mon décès, avec les arrérages échus alors, *tout mon avoir,* tel qu'il se composera après mon dit décès, une fois tous les frais payés, le tout réduit en rente *inaliénable* sur l'État, à la Société pour la continuation des œuvres spirites d'Allan Kardec, anonyme et à capital variable de *quarante-deux mille francs,* dont

---

(1) Copie conforme de ce testament a été adressée à la Société pour la continuation des œuvres spirites d'Allan Kardec et à la mairie du *cinquième* arrondissement de la ville de Paris, le 2 mars courant.

le siège est actuellement rue de Lille, 7, à Paris; à la charge :

1° De compter le premier décembre de chaque année à partir de l'année de mon décès, et cela *uniquement au nom* de la Société sus-désignée, *deux mille francs* à la caisse des écoles et des salles d'asile du *cinquième* arrondissement de la ville de Paris, pour être spécialement employés à acheter des objets d'habillement pour enfants de *deux* à *douze* ans; lesquels doivent être distribués, au plus tard, dans la première quinzaine de janvier de chaque année, aux enfants sus-désignés et les plus nécessiteux d'entre eux. Cette condition est formelle et obligatoire.

2° De verser le premier janvier de chaque année, à partir de l'année de mon décès et cela en mon nom, *trois cents francs* dans chacune des deux caisses de bienfaisance (matérielle et spirituelle), offertes à la Société par son comité de surveillance et acceptées par elle; ainsi qu'en fait foi le *procès-verbal* de notre assemblée générale ordinaire de juillet mil huit cent soixante-dix-sept. Ces deux caisses naturellement devront être toujours conservées par ladite Société, sans quoi les deux dons de *trois cents francs* chaque, attribués à ces deux caisses, reviendraient de droit à la caisse des salles d'asile et des écoles sus-désignées.

3° Le surplus de la rente *inaliénable* sur l'État, quel qu'il soit, pour être employé, comme le jugeront le plus à propos MM. les membres de la Société pour la continuation des œuvres spirites d'Allan Kardec, dans l'intérêt de la propagation de notre *bien-aimée* Doctrine spirite, essentiellement régénératrice. Ce dernier don est fait, à la condition expresse de compter à Noël de chaque année, à partir de l'année de mon décès, dans le cas où je viendrais à décéder avant elle, une rente viagère de *quatre cents francs* à ma servante Marie, veuve de Jean Gros, à la condition, bien entendu, qu'elle restera avec moi ma vie durant. Dans ce cas, tout mon mobilier (sauf tous mes écrits et leurs clichés, ma bibliothèque, mes cartes et tableaux, mes deux globes, mon baromètre métallique, mon horloge et mon coffre-fort ; le tout revenant de droit à la Société pour la continuation des œuvres spirites d'Allan Kardec), deviendra sa propriété intégrale aussitôt après mon décès.

J'entends et j'exige formellement qu'on fasse subir la crémation à mon cadavre, si cela est possible, et, dans le cas contraire, que mon enterrement soit purement civil et sans mausolée aucun.

Je révoque et annule tous testaments antérieurs, quels qu'ils soient.

Telles sont mes dernières et suprêmes volontés que j'ai écrites, datées et signées de ma main.

Fait à Paris, boulevard du Port-Royal, n° 84, ce jour *premier mars mil huit cent soixante-dix-huit.*

Augustin BABIN.

P.-S. — Je prie Monsieur l'Administrateur-Gérant de la Société pour la continuation des œuvres spirites d'Allan Kardec, et Monsieur le Caissier des écoles et des salles d'asile du *cinquième* arrondissement de la ville de Paris, à l'époque de mon décès, de vouloir bien être *gratuitement* mes exécuteurs testamentaires, ce dont je les remercie infiniment d'avance.

Leur tout dévoué frère spirituel,

A. B.

RÉUNION GÉNÉRALE ANNUELLE

de cette année 1878.

Explications données à Messieurs nos coassociés pour la continuation des œuvres spirites d'Allan Kardec, se rapportant à notre démission de membre du Comité de lecture, donnée en janvier 1878, et actuellement de membre du Comité de surveillance.

Chers Coassociés et F. E. C.,

Dans ces explications, je prendrai d'abord la liberté de vous signaler le sérieux et puissant motif qui m'a engagé à donner, en janvier 1878, ma démission de membre du Comité de lecture. Ce motif est la décision prise par ledit Comité, dans la première quinzaine de janvier 1878, se rapportant au changement d'imprimeur pour la Revue spirite, et cela, sans m'en donner aucunement connaissance; lequel changement me mettait, à cette époque, dans la plus triste et la plus pénible position possible vis-à-vis de M. Ch. Unsinger, l'imprimeur abandonné.

Comme preuve de ce que j'avance, je vous ferai remarquer que, à cette dite époque, je me trouvais engagé avec ledit M. Ch. Unsinger pour *deux mille francs* de travaux environ qu'il avait commencés (mon *Catéchisme universel* et mon *Guide du bonheur*); travaux sur lesquels, s'il avait voulu agir de rigueur, comme on avait agi à son égard, il pouvait me réclamer le prix le plus fort (voir même un prix exagéré), au lieu du prix le plus doux, comme cela était verbalement convenu entre nous; ce qui, alors, m'aurait valu une perte d'un tiers ou d'une moitié de ce que cela m'a coûté, soit *sept cents francs* ou *mille francs*, c'est-à-dire à peu près le double du bénéfice fait par la Société. Vous pensez peut-être bien, Mesdames et Messieurs, que dans ce cas, j'aurais pu refuser de payer une semblable augmentation; aurais-je dû avoir recours aux tribunaux pour cela? Je vous ferai remarquer que cela ne m'aurait pas été possible, par une raison des plus sérieuses. Cette raison la voici : c'est que l'augmentation n'aurait pas été assez forte pour pouvoir réclamer avec toute sûreté; d'autant plus que, quelques jours auparavant la décision prise par le Comité de lecture, j'avais écrit à M. Ch. Unsinger la lettre dont je vous donnerai lecture tout à l'heure, lettre avec laquelle il aurait pu prouver, en plein tribunal, que je lui avais fait des menaces après lui avoir fait le mal; ce que ledit tribunal, avec toute justice apparente, aurait certainement jugé *comme étant la conduite la plus vile possible*. Vous voyez donc qu'il ne m'aurait pas été possible de pouvoir réclamer. Quant au *post-scriptum* de la lettre que M. P.-G. Leymarie a adressée à M. Ch. Unsinger, pour lui annoncer la décision prise à son égard (*Post-scriptum* mentionnant que je n'avais aucunement participé à la décision prise par le Comité de lecture), quelle croyance pouvait-il lui accorder, après ce qui s'était passé? Certainement aucune, sans qu'on puisse même lui en faire un reproche, ainsi que vous allez en être convaincus, après la lecture de la lettre sus-désignée et que voici :

A Monsieur Charles Unsinger, typographe,
rue du Bac, 83, ce jour 6 janvier 1878.

Monsieur,

Il y a plus d'une quinzaine, une promesse formelle m'avait été faite qu'on m'enverrait, sous deux ou trois jours au plus tard, la première feuille de mon *Guide du bonheur*, mis en composition depuis un mois environ, ce qui n'a pas eu lieu. *Donc pure et première mystification.*

Avant-hier, 4 janvier 1878, nouvelle promesse formelle m'a encore été faite de m'envoyer, le lendemain sans faute, ladite première feuille en question ; ce qui, de nouveau, n'a pas eu lieu. *Deuxième mystification.*

Je vous avoue, Monsieur, qu'une semblable conduite à mon égard, me paraît dépasser la plaisanterie et m'oblige à vous rappeler que de telles mystifications ne s'adressent pas seulement à M. Augustin Babin, humble auteur, mais bien à un actionnaire de la Société de la rue de Lille, n° 7, qui, en outre, a l'honneur de faire partie de son *Comité de surveillance...*

Veuillez, je vous en supplie, cher Monsieur, dans votre propre intérêt, ne pas me mettre dans la triste obligation de prendre une décision regrettable et qui me serait excessivement pénible ; mais qui, cependant, deviendrait obligatoire, si de semblables mystifications devaient continuer (1).

Tout hier, 5 courant, je suis resté chez moi toute la journée, m'attendant à recevoir, à tout instant, l'envoi promis d'une manière si formelle, comme vous le savez vous-même : cependant, comme moi, vous n'ignorez pas qu'il n'y a rien de fatiguant comme une juste espérance déçue.

Veuillez agréer, etc., etc.

Augustin BABIN,

D'après la lettre que je viens de vous lire et dont j'avais succinctement donné connaissance à M. et Mme Leymarie, quelques jours avant la décision prise par le comité de lecture (réunion à laquelle je n'ai pu me rendre, pour une cause que je ne me rappelle plus, n'étant, du reste, aucunement averti de la décision qu'on devait y prendre), d'après cette lettre, dis-je, vous devez comprendre, chers coassociés et frères en croyance, que l'in-

---

(1) Dans la suite nous n'avons eu qu'à nous louer de l'exactitude de M. Ch. Unsinger, notre imprimeur, avec qui nous avons été toujours en de très bons termes depuis cette époque jusqu'à ce jour ; ce qui, nous l'espérons, existera notre vie durant.

crédulité de M. Ch. Unsinger avait grandement sa raison d'être; ce qui, alors, me mettait dans la plus triste et la plus pénible des positions les plus défectueuses, tout en étant complètement *innocent*.

Il me restait donc une seule ressource pour sortir d'une telle position : c'était de donner immédiatement ma démission de membre du comité de lecture. Ce que je fis, en effet, et que certainement, j'en ai l'intime conviction, chacun de vous aurait fait à ma place.

Quant à mon titre de membre du comité de surveillance, l'honneur me faisant un devoir sacré de ne pas m'en démettre avant l'époque de notre *réunion générale annuelle*, j'ai dû le conserver jusqu'à ce jour; seulement, Mesdames et Messieurs, je vous prie de me considérer, à partir de ce jour, comme étant irrévocablement démis de cette honorable fonction, qu'il ne m'a pas été possible de pouvoir remplir comme je l'aurais désiré. Cette impossibilité est uniquement due au manque de confiance en moi, *que je ne m'explique aucunement*, de Messieurs mes deux co-surveillants, qui n'ont aucunement jugé à propos de me consulter dans tout ce qu'ils ont fait, sauf une seule fois que M. Leymarie a réuni les membres des deux comités, pour leur donner connaissance des faits accomplis avec l'intermédiaire de deux Membres seulement du comité de surveillance, sur trois dont il se compose; le troisième, qui actuellement donne irrévocablement sa démission, n'ayant été, dans cela, considéré que comme un simple zéro; ce qui ne l'a pas empêché de prendre *douze parts* de souscription, pour faciliter la fondation de la nouvelle Société, composée sans qu'il en ait connaissance, et surtout, pour faciliter le changement de domicile de notre *importante librairie spirite*, qui, rue de Lille, 7, se trouvait dans la position la plus défectueuse possible, comme placement de logement, tout le contraire existant actuellement.

Telles sont, chers coassociés et frères en croyance, les franches et sincères explications que j'ai cru de mon devoir de vous donner, concernant ma démission de membre du comité de lecture, dans le courant de janvier de cette année 1878, et de ma démission actuelle, que les faits passés rendent absolument *obligatoire*, tout en désirant cependant, de cœur et d'âme, que de pareils différends (manque de confiance) n'existent plus à l'avenir dans notre Société, qui a tant besoin de confiance réciproque entre tous ses Membres, pour obtenir la concorde la plus absolue; laquelle lui est si utile, si indispensable même, en présence des nombreuses antipathies qui l'entourent soit de près, soit de loin.

Votre frère spirituel, qui vous presse affectueusement la main à tous sans exception,

Augustin BABIN.

OBSERVATION IMPORTANTE.

Après lecture faite des réflexions sus-désignées (écoutées avec impatience par M. le président, ce qui nous a paru peu convenable), au lieu de recevoir des témoignages de regrets sur les faits en question, regrets sur lesquels nous étions en droit de compter, M. le président déclara que la Société ne pouvait pas s'occuper d'affaire personnelle; que la Société avait un bénéfice à faire et qu'elle devait le faire quand même. Une semblable déclaration, faite par M. le président de notre assemblée générale annuelle de cette année 1878, dans une telle circonstance nous a paru (nous l'avouons avec toute franchise) on ne peut plus déplorable et peu digne d'une Société comme la nôtre. Cette observation de M. le président fut d'autant plus déplorable, qu'elle engagea nos deux ex-cosurveillants à produire des récriminations manquant complètement de pudeur. En effet, ces deux messieurs, après leur conduite passée, tout à fait contraire aux plus simples convenances, certainement auraient dû, s'ils avaient été tant soit peu consciencieux, témoigner plutôt des regrets sur les faits passés, que des récriminations déplorables, qui n'ont eu l'avantage de nous inspirer que la plus profonde pitié.

A. B.

Le (date exacte oubliée) juin 1879, nous avons adressé la lettre suivante à *chacun* de MM. nos coassociés spirites, en leur adressant à *chacun*, en même temps, *franco* par la poste, un exemplaire de notre *Collection générale*, aussitôt son apparition, en juin 1879.

Paris, le juin 1879.

Cher Monsieur et F. E. C.

Venant de faire paraître une *Collection générale* de tous mes humbles écrits, sous la forme d'un volume grand in-12, de plus de 1300 pages, je me fais un devoir et un véritable plaisir en même temps, de vous en adresser (franco) un exemplaire par la poste; plus un *tableau astronomique* qui n'est pas sans avoir une certaine importance, vu les nombreux renseignements qu'il donne, et principalement à cause de l'importante *innovation* dont fait mention le NOTA de la page verso dudit tableau, ainsi que vous pourrez vous en convaincre par vous même.

Je saisis cette occasion, cher Monsieur et F. E. C., pour vous donner connaissance, comme je me fais un devoir de le faire également pour tous nos autres coassociés, de l'humble requête que je désire vous adresser à tous, lors de notre prochaine *réunion générale annuelle* de cette année 1879.

Votre tout dévoué frère en croyance, qui vous prie d'agréer, ainsi que tous les vôtres, ses très-respectueuses salutations toutes fraternelles.

Augustin BABIN

Boulevard de Port-Royal, 84.

COPIE CONFORME
De la requête désignée dans la lettre précédente, et figurant sur le second feuillet de ladite lettre.

Mesdames et Messieurs,
Coassociés et frères en croyance,

Ma faible intelligence ne me permettant pas de pouvoir améliorer davantage mes humbles écrits, je prends la liberté de vous donner connaissance que, à partir de ce jour, 20 juillet 1872, je renonce d'une manière absolue à me charger du tirage de chacun d'eux, pris isolément ou réunis ensemble sous le titre de *Collection générale*.

Je vous ferai remarquer que le motif excessivement sérieux qui m'engage à prendre cette décision est le suivant : c'est parce que si j'avais l'imprudence de compromettre mon avoir actuel, se composant de 4,675 fr. de rente, plus tard, après mon décès, comment notre Société pourrait-elle remplir les conditions désignées dans mon *testament olographe* du 1er mars 1878, si je lui laissais un avoir insuffisant pour les accomplir. Je compte donc sur votre extrême obligeance pour vouloir bien consentir à faire faire, à l'avenir, tous les tirages qui seront nécessaires pour les besoins de la vente.

Je compte, chers coassociés et F. E. C., sur votre extrême bienveillance à mon égard et sur votre entier dévouement à notre *bien aimée* Doctrine spirite, pour me faire l'honneur et l'amitié de vouloir bien agréer l'humble requête (1) que je prends la liberté de vous adresser.

Votre coassocié et F. E. C. tout dévoué, qui vous presse affectueusement la main à tous,

Augustin BABIN.

RÉUNION GÉNÉRALE ANNUELLE

de cette année 1879.

A notre *réunion générale annuelle* du 20 juillet 1879, peu de temps avant la fin de la séance, étant autorisé par M. le président de ladite *réunion*, à faire connaître ce que j'avais à communiquer, je fis les deux lectures suivantes :

1º Celle de l'humble requête sus-désignée, laquelle nous paraît fort juste et rationnelle ; d'autant mieux que la somme déboursée par nous pour tous les travaux faits dans le cours des deux années 1878 et 1879, se rappor-

---

(1) Cette requête n'a été acceptée que par un *seul* de MM. nos coassociés, dont nous regrettons très sincèrement de ne pas nous rappeler le nom, et qui nous a fait l'honneur de nous charger de le représenter à ladite réunion, tout en donnant son entière approbation à notre requête dans sa procuration. — Mme veuve Allan Kardec ne s'étant pas présentée à ladite réunion générale annuelle, nous aimons à croire que la décision prise à l'avance par MM. nos coassociés n'a pas été sans être d'un grand poids dans la cause de cette absence...

A. B.

tant à nos humbles écrits, s'élève, à très peu près, à la somme de neuf à dix mille francs environ.

2° Celle d'un nouveau *testament olographe*, daté du 1er juillet 1879, et conforme au précédent du 1er mars 1878, sauf que (dans l'unique intérêt de la Société pour la continuation des œuvres spirites d'Allan Kardec, notre légataire universel) les *deux mille francs* de don annuel accordés à la caisse des écoles et des salles d'asile du *cinquième* arrondissement de la ville de Paris, se trouvaient être remplacés par *un don unique de vingt mille francs*, payables par la Société sus-désignée dans le cours de *six mois* après notre décès, tout le surplus lui étant intégralement attribué.

Une fois cette communication faite par nous, il nous fut répondu, par MM. les membres présents à ladite réunion, que, nos intentions pouvant changer d'un moment à l'autre, notre testament olographe, dont nous venions de donner la lecture, ne pouvait offrir aucune sûreté et garantie pour la Société ; puis, ensuite, que la vente de nos écrits étant loin d'être assurée, ils ne pouvaient pas, dans l'intérêt même de la Société, accepter notre requête. Cependant, ils consentiraient à l'accepter, à la condition que nous leur comptions *deux mille cinq cents francs* pour les premiers frais à faire, etc., etc.

Humilié et *froissé* par toutes ces observations, qui sont très succinctement rapportées ici, pour en finir une fois pour toutes, nous nous décidâmes à leur offrir une somme de *huit mille francs* (supérieure d'un tiers au prix de tous les tirages à faire), leur déclarant que, dans ce cas, la Société ne figurerait pour rien, à l'avenir, sur notre testament olographe...

Cette offre (faite à regret par nous, dans l'intérêt de notre Société, car nos intentions étaient infiniment plus sincères et plus fermes que MM. nos coassociés ont bien voulu le supposer) ayant été acceptée avec *empressement*, tout en nous adressant de *chaleureux remerciements* au nom même de la Société, ce qui était peu flatteur pour notre amour-propre personnel, nous avons pris, sur le moment même, la ferme décision de quitter définitivement Paris pour nous retirer à Saint-Malo. Projet que nous avons mis en exécution le 25 août 1879, jour de notre départ de Paris.

P. S. — Une observation à faire ici, c'est que notre domestique, Marie, veuve de Jean Gros, trois mois après notre arrivée à Saint-Malo, ne pouvant pas s'habituer dans l'endroit, s'est décidée, à la fin de l'année, à se retirer à Ruffec, son ancienne demeure. — Trois jours après son départ, le 2 janvier 1880, loué un appartement à l'ancien Casino pour neuf années, notre intention étant d'y finir nos jours.

A. B.

Ce jour, 23 juillet 1879, écris la lettre suivante à M. et Mme Leymarie et MM. les Membres du nouveau Comité de surveillance de la Société pour la continuation des œuvres spirites d'Allan Kardec.

A Monsieur et Madame Leymarie,
et Messieurs les Membres du Comité de surveillance.

Chers Coassociés et Frères en croyance,

Samedi en huit, 2 août 1879, je compte vous porter les *huit mille francs* comprenant la somme que, à notre réunion générale ordinaire du 20 courant, j'ai pris l'engagement de vous compter comme payement de *celle* portée dans l'acte notarié que nous devons passer ensemble (dans le courant du mois d'août prochain au plus tard), au nom de la Société pour la continuation des œuvres spirites d'Allan Kardec, l'*éditrice* de mes humbles écrits. Acte notarié, par lequel la Société sus-désignée doit s'engager à faire consciencieusement la propagande nécessaire pour faciliter leur vente, et, de plus, à faire faire à ses frais, à l'avenir, tous les tirages qui seront nécessaires pour les besoins de ladite vente, tant pour les *écrits séparés* que pour la *Collection générale* desdits écrits, dont le prix de vente devra être diminué pour quelques-uns, de manière à ne pas trop nuire à ladite vente.

Naturellement, aucune modification ne sera faite dans mes clichés (dont je vous abandonne entièrement la propriété) sans mon autorisation par écrit; de plus, un tirage de 525 exemplaires de ma *Collection générale* (reliés comme ceux du premier tirage) devra se faire dans un temps très rapproché, une fois l'acte passé.

Pour le tirage des volumes séparés (lesquels ne devront subir aucune modification, de ce qu'ils sont dans la *Collection générale*, sans mon autorisation par écrit), ils devront naturellement se faire de manière que la vente n'en soit pas interrompue, faute d'exemplaires.

Quant aux clichés déjà cités, ils devront rester chez M. Ch. Unsinger, chargé de tous les tirages, tant que vous n'aurez aucun reproche *sérieux* à lui faire sur la qualité desdits tirages; dans le cas contraire, vous êtes naturellement pleinement autorisés à les lui retirer à votre volonté. Les prix convenus pour ces tirages sont les suivants :

Dix-huit francs par feuille de 24 pages pour la *Collection générale; dix-neuf francs* par feuille de 36 pages pour les trois volumes de la *Trilogie;* enfin, *vingt francs* par feuille de 64 pages pour les deux volumes in-32, dont le format, à l'avenir, sera celui de l'Encyclopédie morale pour les deux.

La seule réserve que je désire faire sur chaque tirage est de un pour cent des volumes tirés, et cela ma vie durant.

Veuillez agréer, chers Coassociés et Frères en croyance, mes respectueuses salutations toutes fraternelles,

Augustin BABIN.
Boulevard de Port-Royal, 84.

Nota. — Cette lettre était suivie d'un post-scriptum que, par modestie, nous renonçons à désigner ici.

A. B.

ANNÉE 1880

Le 27 janvier 1880, écrit la lettre suivante à M. P. G. Leymarie, admistrateur-gérant de la librairie spirite, 5, rue Neuve-des-Petits-Champs, à Paris :

Ancien Casino de Saint-Malo, le 27 janvier 1880.

A Monsieur P. G. Leymarie, administrateur,

Monsieur et F. E. C.,

En même temps que la présente, je me fais un véritable plaisir de vous adresser (pour être lu en comité spécial pour ce genre de lecture) un manuscrit comprenant treize grandes feuilles, sous forme de rouleau de 20 centimètres de longueur environ et cacheté aux deux bouts.

Ce manuscrit, que j'ai intitulé : le *Régénérateur des écoles* ou *Instructions à donner aux enfants des écoles, dans un but de régénération sociale*, est dédié à M. J. Grévy, président de la République française, et a pour but de ranimer, autant que possible, dans le corps électoral, le sentiment patriotique du devoir essentiellement *obligatoire* qu'impose le titre d'électeur, et, en même temps, de combattre, autant que possible également, le triste *positivisme* si répandu, hélas! dans les hautes classes de notre société actuelle.

Je vous serai reconnaissant de vouloir bien avoir l'obligeance de me faire connaître l'opinion du Comité sus-désigné, une fois qu'il en aura pris lecture et médité sur son plus ou moins de valeur.

Votre frère spirituel, qui vous serre fraternellement la main à tous.

Augustin BABIN.

Ce jour, 15 février 1880, reçu la réponse suivante à ma précédente, la partie en lettres *italiques*, ayant été écrite par M. Chagneau, l'un des membres du Comité de lecture.

Paris, le 14 février 1880.

Monsieur Babin, F. E. C.,

Votre manuscrit, lu préalablement par les membres du Comité de lecture, a été discuté mercredi par ces messieurs, qui, après un mûr examen, m'ont prié de vous adresser les lignes suivantes transcrites par M. Chagneau :

Le Comité de lecture pense que l'ouvrage de M. Babin sort un peu du cadre des travaux sur lesquels la Société doit porter ses forces vives, malheureusement trop restreintes.

Sans porter d'appréciation sur l'œuvre, pour laquelle il ne pourrait que manifester toute sa sympathie, il croit que l'élément politique doit, du moins jusqu'à nouvel ordre, rester étranger aux efforts collectifs de la Société. Il croit qu'il est prudent pour la Société de rester dans les limites de l'ordre philosophique. Il conseille donc à M. Babin d'imprimer lui-même, ce qui dégagera la Société de responsabilités et de charges qu'elle n'a pas moralement le droit d'assumer présentement, en dehors de l'intérêt spécial et exclusif de la philosophie spirite. Mais il envoie à M. Babin tous ses vœux fraternels, avec ses plus cordiales salutations, et désire qu'il puisse réussir complètement dans son entreprise de propagation sociale.

Je remplis donc les vœux du Comité en vous envoyant les réflexions qui précèdent, et en unissant mes vœux personnels à ceux que font, pour vous, le Comité de lecture de la revue et le Comité de surveillance.

Je vous serre affectueusement la main au nom de mes frères en croyance.

L'administrateur :

P. G. Leymarie.

Ce même jour, 15 février 1880, fait, à la lettre ci-dessus, la réponse suivante :

Ancien Casino de Saint-Malo, le 15 février 1880.

A Monsieur P. G. Leymarie, administrateur,

Monsieur et F. E. C.

Je viens de recevoir votre honorée du 14 courant, dans laquelle, vous et M. Chagneau, vous m'annoncez que, suivant l'avis du Comité de lecture, la prudence exige que la Société soit complètement étrangère à la publication de mon manuscrit, intitulé : *le Régénérateur des écoles*, etc; décision que j'accepte très volontiers, malgré que je la crois défectueuse. Seulement, mon cher M. Leymarie, je suis fort étonné qu'en me faisant une telle annonce, vous ne m'annonciez pas également le renvoi, par la poste, de mon dit manuscrit; ce que je vous prie de faire aussitôt le reçu de la présente, étant formellement décidé à le faire imprimer et éditer à Rennes, chef-lieu du département d'Ille-et-Vilaine.

Veuillez agréer, etc., etc.

Augustin BABIN.

Nota. — Le lendemain, 16 février, reçu le manuscrit en question.....

Le 4 août 1880, écris la lettre suivante à M. P. G. Leymarie, administrateur.

Mon cher Monsieur Leymarie, notre F. E. C.,

J'ai reçu votre honorée du 25 juillet dernier que vous avez eu l'obligeance de m'écrire (1), ce dont je vous suis infiniment reconnaissant, car elle m'a fait comprendre que vous avez le sérieux désir que le passé soit oublié; ce que je désire également de cœur et d'âme, tout en ayant la douce espérance, qu'à l'avenir rien ne surviendra de fâcheux pour nous le rappeler.

Quant à assister à la *réunion générale annuelle* de 1881, mon intention étant d'aller passer tout le mois de juillet de cette dite année à Paris (dans ce cas, je vous écrirai quelques jours à l'avance), vous pouvez compter sur moi pour accomplir ce devoir, que j'accomplirai régulièrement tous les ans, à l'avenir, du moins autant que cela me sera possible.

Cher Monsieur et F. E. C., ayant au complet toutes

---

(1) Dans cette lettre, que nous regrettons de n'avoir pas conservée, M. P. G. Leymarie nous annonçait que notre protestation contre le passé, avait été lue en *séance générale* le mois dernier et désignée dans le procès-verbal de ladite séance.

es *corrections* et *additions* faites au volume de mes *Notions d'astronomie*, je vous en adresse (franco, par la poste, et en même temps que la présente) la totalité sous enveloppe ficelée.

Ces corrections et additions ayant pour moi une très grande importance, je compte essentiellement sur vous pour commander à M. Ch. Unsinger, typographe (qui y compte, d'après ce que je lui ai formellement promis dans deux des lettres que je lui ai adressées ces jours derniers) et cela au reçu de la présente, un tirage de 525 exemplaires de mes notions d'astronomie, *deuxième édition*.

De ma part, cette demande a d'autant plus sa raison d'être, qu'il a été formellement convenu entre nous, lors de notre passement d'acte, ainsi que vous devez vous le rappeler, que, dans le cours de deux ans au plus tard, un tirage séparé de chacun de mes cinq humbles écrits devait être fait; je ne suis donc pas trop exigeant, en vous faisant ma demande actuelle.

Quant aux volumes qui vous resteront de la première édition de mes notions d'astronomie, une diminution sur leur prix de vente sera forcément obligatoire, à moins que vous vous décidiez à les modifier par un tirage *partiel* des pages corrigées et des pages supplémentaires. Dans l'un et l'autre cas, je croirais faire une injure à messieurs mes éditeurs, en leur offrant, en cette circonstance, la moindre indemnité quelconque; du moment qu'une fois tous les tirages partiels faits, il leur restera encore deux à trois mille francs sur la somme que je leur ai comptée.

Mes salutations les plus affectueuses et les plus fraternelles pour tous, et, en particulier, pour Mme veuve Allan Kardec et votre honorable dame.

Augustin BABIN.

Le 15 août 1880, nous avons fait la réponse suivante à une lettre de M. P. G. Leymarie, datée du 12 du même mois ; lettre que nous avons adressée, y compris une copie conforme de la présente, à M. Ch. Unsinger, notre imprimeur, dans le but de nous disculper des engagements que nous avions pris avec lui, concernant le tirage immédiat, aussitôt les corrections et additions achevées, de la *deuxième edition* de nos Notions d'astronomie.

Ancien casino de Saint-Malo, le 15 août 1880.

Cher Monsieur et F. E. C.,

J'ai reçu votre honorée du 12 août courant, dans laquelle vous m'annoncez que MM. les Membres du Comité de surveillance sont absents de Paris, pour jusqu'au 15 ou fin de septembre, tout en me priant d'attendre leur retour pour décider l'impression séparée de mes Notions d'astronomie, *deuxième édition*.

Ainsi que je vous l'ai dit dans ma précédente du 4 courant, les corrections et additions qui doivent figurer dans cette *deuxième édition*, ayant une très grande importance pour moi, je désire essentiellement que le tirage en soit fait le plus tôt possible. Veuillez donc, je vous prie, aussitôt que ces Messieurs seront de retour, avoir l'obligeance d'obtenir cette décision de leur part ; décision qui, en cette circonstance, ne me paraît pas rigoureusement indispensable ; car si plus tard, elle pouvait être *négative*, ce serait réellement on ne peut plus regrettable, à cause des graves et sérieux accidents malheureux qui pourraient en résulter...

Cher Monsieur et F. E. C., malgré la vive contrariété que m'a fait éprouver votre honorée du 12 courant, vu la promesse que j'avais faite à M. Ch. Unsinger, mon imprimeur, le vif intérêt que je porte à la rapide propagation de notre *bien-aimée* Doctrine spirite, m'engage à vous communiquer les quelques réflexions suivantes sur la souscription ouverte par notre *très vénéré* F. E. C., M. J. Guérin, etc., etc.

(Ces réflexions n'ayant aucun rapport avec notre différent actuel, inutile de les désigner ici).

Veuillez agréer, etc., etc.

Augustin BABIN.

Le 6 septembre 1880, adressé la lettre suivante à M. P. G. Leymarie, dans l'unique but d'éviter les graves et sérieux accidents malheureux désignés dans la précédente.

Ancien casino de Saint-Malo, le 6 septembre 1880.

A Monsieur P. G. Leymarie, administrateur.

Cher Monsieur et F. E. C.

Si je me décide à vous écrire la présente, c'est dans l'unique but d'éviter les graves inconvénients dont je vous ai parlé dans ma précédente du 15 août dernier ; graves inconvénients qu'il aurait été si facile d'éviter, en satisfaisant à mon suprême désir, concernant le tirage immédiat à 525 exemplaires de mes Notions d'astronomie ; d'autant mieux que ce désir est absolument juste et rationnel de ma part, vu la très grande supériorité de la deuxième édition sur la première. Mieux aurait valu cent fois me demander une indemnité, que Messieurs les Membres du Comité de surveillance auraient fixée eux-mêmes, que de m'adresser une réponse évasive qui m'a vivement contrarié, ayant promis à M. Ch. Unsinger, mon imprimeur, que ce tirage serait fait aussitôt les corrections et additions achevées. Il est fort regrettable que Messieurs les Membres du Comité de surveillance en aient jugé autrement, car ils m'auraient évité le vif désagrément de vous écrire une lettre comme celle-ci, que j'aurais été très heureux de ne pas être dans l'obligation de vous adresser.

Dans le but donc, je le répète, d'éviter les graves inconvénients en question (qui vont être énumérés tout à l'heure), je vous prie de faire comprendre à ces Messieurs, une vérité que M. Vautiers lui-même aurait dû comprendre il y a fort longtemps (*ce qui aurait évité tous les inconvénients actuels*), et qu'il paraît cependant ignorer encore aujourd'hui. Cette vérité est la suivante : c'est que la position dans laquelle je me trouve vis-à-vis de la Société anonyme pour la continuation des œuvres spirites d'Allan Kardec, me donne plein pouvoir (1) non pas de formuler un désir, mais bien

---

(1) En voici quelques preuves à l'appui.

1º La somme de *huit mille francs* comptée par moi à MM. mes éditeurs, dépasse de *deux mille francs* au moins la dépense totale du tirage (collectionné et séparé) de mes humbles écrits. — *Conclusion morale à en déduire?...*

2º Si notre acte notarié du 2 août 1879, ne mentionne pas qu'un tirage séparé de 525 exemplaires de chacun de mes cinq volumes devra être fait dans le cours de deux ans (seul terme désigné par moi), et, au plus tard, dans le cours de trois ans (terme proposé par M. Leymarie), c'est uniquement parce que promesse verbale m'a été faite à l'époque sus-désignée, que le tirage en question aurait lieu dans le cours de ce premier laps de temps, et, au plus tard, du deuxième. Certainement, sans cela, j'aurais alors formellement exigé l'insertion de cette clause dans l'acte. — *Conclusion morale à en déduire?*

3º Pour ce qui concerne spécialement mon astronomie, dont j'exige un tirage immédiat de 525 exemplaires, je ferai remarquer que, contrairement à nos conventions notariées, le prix de ce volume (quoique se trouvant incomplet comparativement à ce qu'il

une volonté et, au besoin, une sommation, si cela devenait malheureusement nécessaire. Seulement dans ce dernier cas (fort regrettable du reste, s'il doit se produire), voici quelles seraient alors mes intentions; car, ayant horreur de toute action faite dans l'ombre, je considère comme un devoir de vous les faire connaître, ainsi qu'à ces Messieurs. Ces intentions seraient les suivantes : Elles consisteraient à vous adresser, en même temps que la sommation, ma démission de membre de la Société anonyme pour la continuation des œuvres spirites d'Allan Kardec, et à vous annoncer également en même temps, la nullité complète de mon

---

est dans la *Collection générale,* et encore bien davantage comparativement à ce qu'il sera dans les éditions futures) a été exagéré pendant une année entière ; excellent moyen pour que sa vente s'éternise indéfiniment. — *Conclusions morales à en déduire et sérieuses conséquences à en déduire en même temps ?*

4° MM. mes éditeurs (actuellement mes coassociés) n'ont jamais fait en aucun temps, cinq centimes de dépense pour l'impression de mes cinq humbles écrits, et aujourd'hui l'on voudrait me refuser l'impression immédiate de la *deuxième édition* d'un volume dont ladite impression a une *extrême importance pour moi*; le tirage à 525 exemplaires de cette deuxième édition ne devant coûter absolument rien à MM. mes éditeurs sus-désignés, du moment qu'un reliquat important leur restera encore, une fois la *deuxième édition* de mes cinq volumes séparés, parue et payée. — *Conclusion morale à déduire d'un semblable refus, si hélas! malheureusement il se produit?...*

5° Enfin, si j'ai bien compris le sens de la rédaction de notre acte notarié en question, c'est le tirage de la deuxième édition de chacun de mes cinq écrits séparés qui rendra MM. mes éditeurs propriétaires desdits écrits. D'après cela, c'est donc le propre intérêt de MM. mes éditeurs qu'on refuserait de prendre en ne satisfaisant pas mon suprême désir. — *Conclusion morale à en déduire !...*

A. B.

testament olographe du 10 janvier 1880, et de tous ceux qui le précèdent, faits en faveur de la Société sus-désignée ; étant alors formellement décidé à en faire un nouveau totalement fait (sauf une *trentaine de mille francs* distribués entre quelques écoles civiles et bureaux de bienfaisance) en faveur de la *Ligue de l'enseignement* pour le sou des écoles, qui a pour but de fournir un matériel d'enseignement primaire aux écoles rurales de France, d'Algérie et des Colonies.

Ce don, naturellement, serait fait à la condition expresse que M. le Secrétaire général de ladite Ligue serait chargé, par elle, de veiller après mon décès et cela indéfiniment, à la bonne exécution des conventions désignées dans notre acte notarié du 2 août 1879 ; toute confiance en Messieurs mes éditeurs m'étant naturellement interdite, si, hélas! un tel cas venait à se produire.

Certainement tout cela ne pourrait être qu'excessivement triste et déplorable ; seulement, MM. les Membres du Comité de surveillance doivent comprendre que c'est à *eux seuls* qu'en incomberait toute la responsabilité ; c'est, du moins, mon intime conviction personnelle, le plus simple bon sens lui donnant sa raison d'être.

En terminant la présente, mes sentiments entièrement fraternels me font un devoir de supplier, avec une très grande insistance, MM. les Membres dudit Comité de surveillance, et cela, plus dans leur propre intérêt que dans le mien (car ma cause est trop équitable et trop juste pour m'offrir la moindre inquiétude personnelle), de les supplier, dis-je, d'agréer, sans réserve aucune, le suprême désir que je vous ai exprimé, concernant le tirage immédiat à 525 exemplaires de la *deuxième édition* de mes Notions d'astronomie. En agissant ainsi, ces messieurs feront un acte de bonne fraternité ; tandis que, dans le cas contraire, celui qu'ils feront ne pourra être que l'opposé et leur être en même temps (qu'ils en soient persuadés), que tout à fait préjudiciable, humainement et spirituellement parlant.

Votre frère en croyance, qui ne demande que la paix et la concorde, et vous prie d'agréer, tous ensemble, ses respectueuses et fraternelles salutations.

Augustin BABIN.

P.-S. — Ce post-scriptum a pour but d'expliquer le motif (très grave pour moi) qui m'a engagé à ajouter à la fin de mes Notions d'astronomie, le complément qui devra y figurer à l'avenir (Voir la table des matières de ce complément à la fin de cette brochure). Ce motif est double et trouve sa raison d'être dans les deux faits suivants :

1° Parce que le Comité de lecture de la Revue spirite m'a refusé (dans le courant du mois de mars dernier, autant que je puis me le rappeler) l'insertion dans ladite Revue, d'un article *défensif* se rapportant à la formation de la lumière et de la chaleur sur notre globe terrestre, comme sur toute autre globe terrestre quelconque.

2° Parce que le Comité de surveillance, à son tour, m'avait refusé le 14 du mois précédent, l'honneur d'éditer mon *Régénérateur des Ecoles*, qui cependant est essentiellement spirite, du moment que le Gouvernement républicain est pour le *civil*, ce que le Spiritisme est pour le *spirituel*, l'un et l'autre de ces deux principes étant intimement *unis*. Ce qui n'a pas empêché MM. les Membres dudit Comité de surveillance de donner pour prétexte de leur refus « *que la librairie spirite ne pouvait pas éditer un tel genre d'écrit;* » lequel prétexte (je supplie ces honorables Messieurs de m'excuser mon *extrême franchise* en cette circonstance, comme en toute autre) m'a paru être tout simplement un non-sens.

Tels sont les principaux faits (*qui, au besoin, pourraient désigner un véritable désir de nuire*), y compris le n° 2 de mon complément, qui m'ont engagé à en agir ainsi, et qui, en même temps, m'engagent aujourd'hui *à exiger le tirage immédiat de la deuxième édition* du volume séparé en question, c'est-à-dire dans les premiers jours du mois prochain (octobre 1880), au plus tard.

Votre tout dévoué,

A. B.

Le 8 septembre 1880, reçu de M. P. G. Leymarie, la lettre suivante, en réponse à ma précédente du 6 du même mois.

Paris, le 8 Septembre 1880.

Monsieur Augustin Babin F. E. C.,

J'ai montré votre lettre à M. Barroux et à M. Vautier, membres du Conseil de surveillance, et prenant leur avis, je suis venu à Jaux, près Compiègnes, pour le soumettre à M. Ladame; ces Messieurs avaient toujours compté que, avant de réimprimer une nouvelle édition des notions d'astronomie, édition que vous aviez déclarée *bien définitive* à notre réunion annuelle de 1879, vous auriez attendu que l'édition actuelle fut écoulée; et ils se demandent, avec juste raison, le pourquoi de cette décision qui déclare nul et inutile, ce qui vous paraissait parfait il y a un an.

Ces Messieurs n'ont nullement envie de fuir leurs engagements, mais ils sont peinés de vous voir ainsi jeter le discrédit sur un ouvrage qui a été tant de fois remis sur le canevas; ils déclarent que, cette manière d'agir, fait que, ce que vous dépensez pour un noble but, sans doute, va à l'encontre de l'objectif que vous vous êtes tracé. Les éditions invendues, et que l'on donne constamment, donnent aux lecteurs une fort mauvaise opinion, car ils ne prisent bien que ce qu'ils achètent et qu'ils peuvent juger d'après l'argent déboursé.

Puis, une librairie qui n'est jamais sûre du lendemain d'un livre, qui recommande aujourd'hui ce qui sera démoli demain, se discrédite autant que l'édition l'est elle-même.

Ces Messieurs vous présentent ces objections, cher

Monsieur Babin, non dans le but de fuir leurs obligaions, car, *telle n'est pas leur pensée*, mais bien parce qu'elles leur paraissent sages et fraternelles; que, si vous ne les trouvez pas à votre gré, vous n'avez plus qu'à formuler un désir par une simple carte-poste, et immédiatement M. Unsinger sera mis en demeure de faire le tirage de 525 *exemplaires* que vous demandez.

Le Comité de surveillance me charge aussi, de vous dire, Monsieur Babin, que vous comprenez bien peu, ce semble, son mandat désintéressé qui a pour but cette seule fin, la *prospérité* et la *considération* pour la Société, être impersonnel qui doit lui survivre; ce but est le vôtre aussi, Monsieur et F. E. C., et il ne faut point supposer qu'il y ait un intérêt autre que celui dont il est parlé, puisque l'abandon des actions est libellé à l'endos de chaque action, ainsi que celui des dividendes annuels. Nous sommes tous, moralement, liés à une bonne œuvre, et le cœur seul y prélève des dividendes, nous le savons tous.

A des F. E. C. désintéressés, vous parlez exactement comme un coassocié à de pauvres diables qui ne voudraient pas payer leurs baux, et ce rôle leur paraît étrange, Monsieur Babin; ils le condamnent tous, hautement, car vous vous méprenez sur leur caractère, et nul parmi eux ne s'est jamais, à votre égard, oublié de la sorte. Vous vous faites constamment des griefs avec des incidents purement personnels.

Deux fois par année, vous leur écrivez que vous allez changer vos dispositions testamentaires, comme si l'un d'eux était intéressé personnellement à recevoir une part d'héritage; si, dans votre testament, il vous plaît de faire bénéficier la cause commune de la fortune que vous possédez, c'est que, librement, vous vous sentez entraîné à le faire, et tout le monde trouve cela juste et bien ; mais que, à propos d'un article ou d'un *régénérateur des écoles,* vous veuillez suspendre cette épée de Damoclès sur leur tête, cela leur semble d'autant plus injuste, que, parmi eux, tous se récuseraient s'il y avait un don personnel à leur adresse.

N'agitez donc pas cet ordre d'idées, Monsieur Babin, car il ne peut être d'aucun poids entre gens d'honneur. Ces Messieurs vous soumettent leurs idées collectives, et si vous ne les prisez pas, au frère qu'ils estiment et estimeront quand même, ils vous adressent leurs salutations affectueuses.

En leur nom, je vous serre cordialement la main.

P.-G. LEYMARIE.

Ce jour, 13 septembre 1880, fait la réponse suivante à la lettre ci-dessus, laquelle contient de graves *erreurs* et de *fausses* interprétations.

Ancien Casino de Saint-Malo, le 13 septembre 1880.

Monsieur P.-G. Leymarie, F. E. C.,

La seule réponse que je puisse faire à votre honorée du 8 courant, après de sérieuses réflexions, est la suivante :

1° Je vous prie de faire, aussitôt le reçu de la présente, la commande d'impression de 525 exemplaires de mes notions d'astronomie, *deuxième édition.*

2° Je donne purement et simplement, à partir de ce jour, ma démission de Membre actionnaire de la Société anonyme pour la continuation des œuvres spirites d'Allan Kardec; tous rapports absolument sympathiques étant impossibles avec MM. mes ex-coassociés, autant que je puis en juger par votre honorée du 8 courant.

Cela nous évitera, à l'avenir, une correspondance aussi déplorable que par le passé; car je n'aurai plus la stupidité de vous adresser en manuscrit, quoi que ce soit, si toutefois je suis, plus tard, apte à faire paraître quelque chose.

3° Vous êtes autorisé à *détruire* toutes les copies testamentaires que je vous ai adressées jadis; cela vous évitera de faire à l'avenir *d'injustes* interprétations, comme celles qui figurent dans votre honorée du 8 courant. — Quant au *Pourquoi cette décision*, dont votre lettre fait mention, vous en auriez eu l'explication, si vous aviez pris connaissance du *Post-scriptum* de ma précédente...

4° Quant à remplir les conditions convenues entre nous, tant verbales que notariées, inutile de vous dire que je compte (ainsi que vous m'en donnez connaissance dans votre lettre, ce qui m'évitera le désagrément d'en parler dans mon futur *Testament olographe*) sur Messieurs mes éditeurs, pour les remplir en *bons pères de famille*, termes qui s'emploient en pareil cas.

5° Devant, à mes bien-aimés Lecteurs, l'explication des deux graves décisions désignées ci-dessus, je me décide à faire paraître, sous peu, une toute petite brochure dont je vous adresse, à la suite de la présente, l'avis de l'auteur (Voir cet avis au commencement de cette brochure, lequel avis a été augmenté depuis), que je viens de terminer; cet envoi a pour but de vous permettre d'apprécier par vous-même ce que sera cette petite brochure.

Veuillez agréer, etc., etc.

Augustin BABIN.

NOTA

Dans l'intérêt de nos bien aimés Lecteurs et de Messieurs nos Editeurs en même temps, nous donnons dans cette dernière page, la table des matières du complément dont il est fait mention dans le P.-S. de la page 31 (voir cette page).

TABLE DES MATIÈRES

du complément devant figurer dans toutes les futures éditions du volume (séparé ou collectionné) de nos Notions d'Astronomie

N° 1. — Notice sur la production de la lumière et de la chaleur; pages 285 à 290.

N° 2. — De la direction des ballons dans l'espace, avec l'aide du point d'appui tant recherché; pages 290 à 292.

N° 3. — Extrême rationnalité de notre opinion *initiative* sur la production de la lumière et de la chaleur; pages 292 à 294.

N° 4. — Opinion d'un abbé patriote sur l'enseignement ultramontain; pages 295 à 300.

N° 5. — Curieuse *notice historique* sur la papauté, donnant la véritable valeur de son infaillibilité véreuse, pages 301 et 302.

N° 6. — Preuves convaincaintes que notre bien aimée République française est le *seul* Gouvernement qui soit véritablement l'ami du peuple; pages 302 à 306.

Paris. — Ch. Unsinger, imp. 83, rue du Bac.

www.ingramcontent.com/pod-product-compliance
Lightning Source LLC
Chambersburg PA
CBHW060722050426
4245ICB000010B/1572